1. Des copines à l'appel

Scénario
Christophe Cazenove

Dessins
Philippe Fenech

Couleurs
Camille

Merci à tous ceux qui ont cru à ce projet et qui ont participé au concours Mes Cop's, et en particulier à Philippe Fenech avec qui j'ai la chance de faire équipe aujourd'hui.

Un merci tout particulier à ma nièce Margot qui ne sait pas qu'elle est à l'origine de cette série. Elle et ses Cop's, bien sûr !

Christophe

Merci à l'équipe de Bamboo, véritable famille, pour leur accueil.
Merci à Christophe d'avoir partagé avec moi un peu de son immense talent.
Merci à Camille pour m'avoir encouragé à faire ce concours, et à Laly, ma première lectrice.
Et enfin merci à tous les autres participants, moins chanceux que moi, pour leur fair-play !

Philou

 La fabrication de cet album répond au processus de développement durable engagé par Bamboo édition. Il a été imprimé sur du papier certifié PEFC.

© 2013 BAMBOO ÉDITION

116, rue des Jonchères - BP 3
71012 CHARNAY-LÈS-MÂCON cedex
Tél. 03 85 34 99 09 - Fax 03 85 34 47 55
Site Web : www.bamboo.fr
E-mail : bamboo@bamboo.fr

Tous droits de traduction, d'adaptation et de reproduction strictement réservés pour tous pays.

PREMIÈRE ÉDITION
Dépôt légal : septembre 2013
ISBN : 978-2-8189-2463-1

Imprimé en France
Printed in France

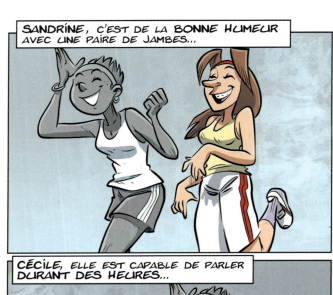

Note de mate

Crawl de dames

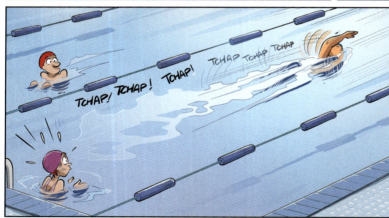

Comment moucher un mec

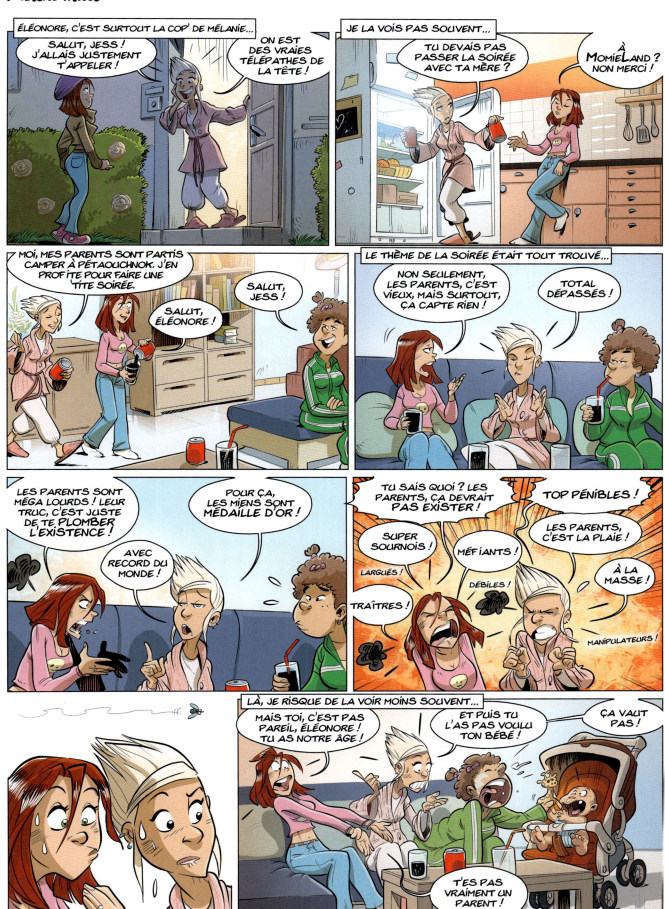

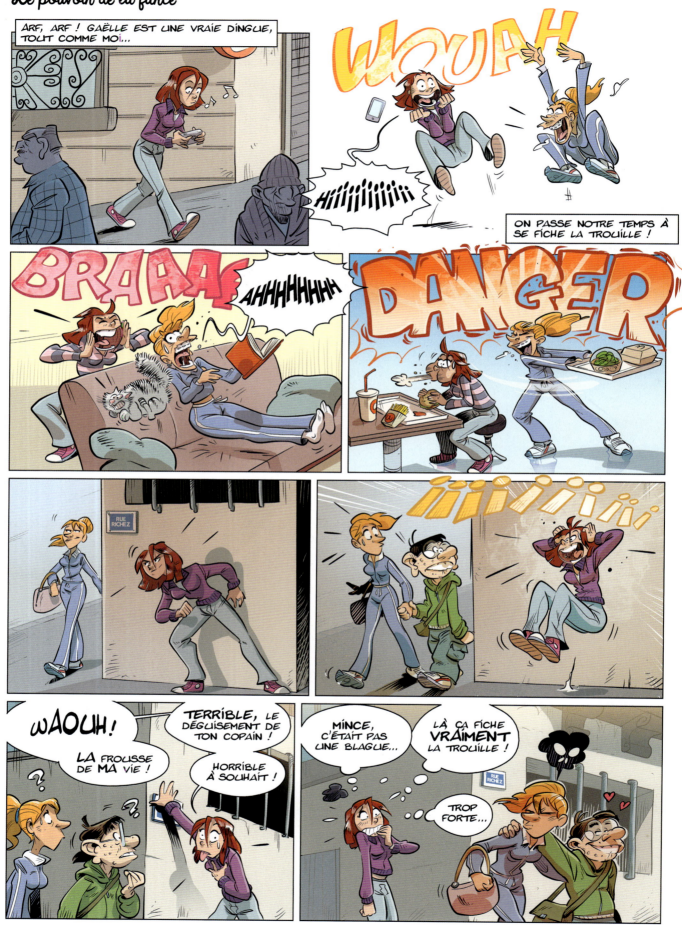

Le prix de l'amitié

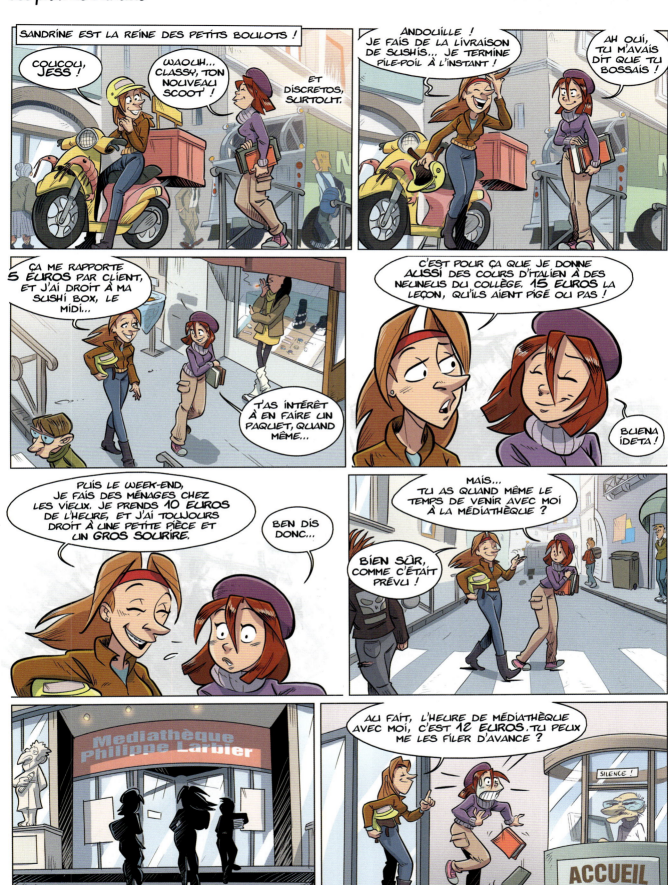

Cop' chrono

Attrait vite

Ça reste avenir

Pas trait doué

Réserve naturelle

Boîte d'ennui

Dure à la tâche

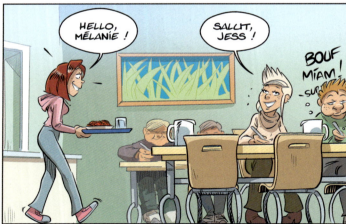

Naissance d'une série pas comme les autres !

À l'occasion des 10 ans de carrière de Christophe Cazenove, Bamboo a organisé un grand concours pour recruter le dessinateur de la série Mes Cop's.

Plus de 150 participants ont mis en scène un des cinq scénarios proposés par Christophe Cazenove. Parmi eux, nous avons sélectionné 8 finalistes qui voient leur page publiée dans ce cahier spécial. Félicitations à eux !

À cela s'ajoute le grand gagnant, Philippe Fenech, qui est désormais le dessinateur comblé de l'album que vous tenez entre les mains. Vous retrouverez en page 8 la superbe planche qu'il avait réalisée à l'occasion du concours Mes Cop's. Encore bravo, Philippe !

Christophe Cazenove et Bamboo remercient une nouvelle fois tous les participants pour leur travail enthousiaste autour du projet Mes Cop's !

Retrouvez sans tarder dans les pages qui suivent les planches des 8 finalistes, ainsi que le scénario d'origine proposé par Christophe Cazenove.

Storyboard de Christophe Cazenove – planche 1

Encrage de Ian Dairin - planche 1

Encrage de Etienne Willem - planche 1

Storyboard de Christophe Cazenove - planche 2

Storyboard de Christophe Cazenove – planche 3

Case 1:
VIRGINIE, ELLE T'ÉPATE !
(JESSICA)
(LOCAL QUELCONQUE)
(PEINT SUR UNE BANDEROLE)
DES SOUS

Case 2:
ELLE EST VACHEMENT ENGAGÉE DANS TOUT UN TAS DE CAUSES !
TU ES SÛRE DE NE PAS VOULOIR VENIR, JESSICA ?
OH BEN...
HEU...
RENDEZ-VOUS !

Case 3:
ELLE DÉFILE POUR DES ASSOS HUMANITAIRES...
DES SOUS POUR LA DIGNITÉ !

Case 4:
SIGNE DES MILLIONS DE PÉTITIONS PAR AN...
CONTRE LES MINES ANTI-PERSONNEL
POUR DES LÉGUMES BIO
SAUVEGARDE DU HAMSTER POLAIRE
ASSOC TOMATH

Case 5:
ELLE S'IMPLIQUE MÊME EN POLITIQUE !
(PENSEZ À ALLER VOTER !)
(GESTE CITOYEN !)
(DÉMOCRATIE !)
JE VOTE
AM
(RUE)

Case 6:
MOI, C'EST EN L'ACCOMPAGNANT À LA PISCINE QUE J'AI EU LE DÉCLIC...
HEULA !!

Case 7:
QU... QU'EST-CE QU'IL Y A ?
CHEVEUX HORRIBLES
(COMMENTAIRES À ÉCRIRE)
MAILLOT DE GRAND-MÈRE
POILS SOUS LES BRAS
PROBLÈME D'ÉPILATION
ONGLES AFFREUX

Case 8:
MAINTENANT, MOI AUSSI J'AI MA CAUSE À DÉFENDRE !
DES SOUS POUR FAIRE DE VIRGINIE UNE VRAIE FILLE !
(COULOIR DU LYCÉE)

Storyboard de Christophe Cazenove - planche 4

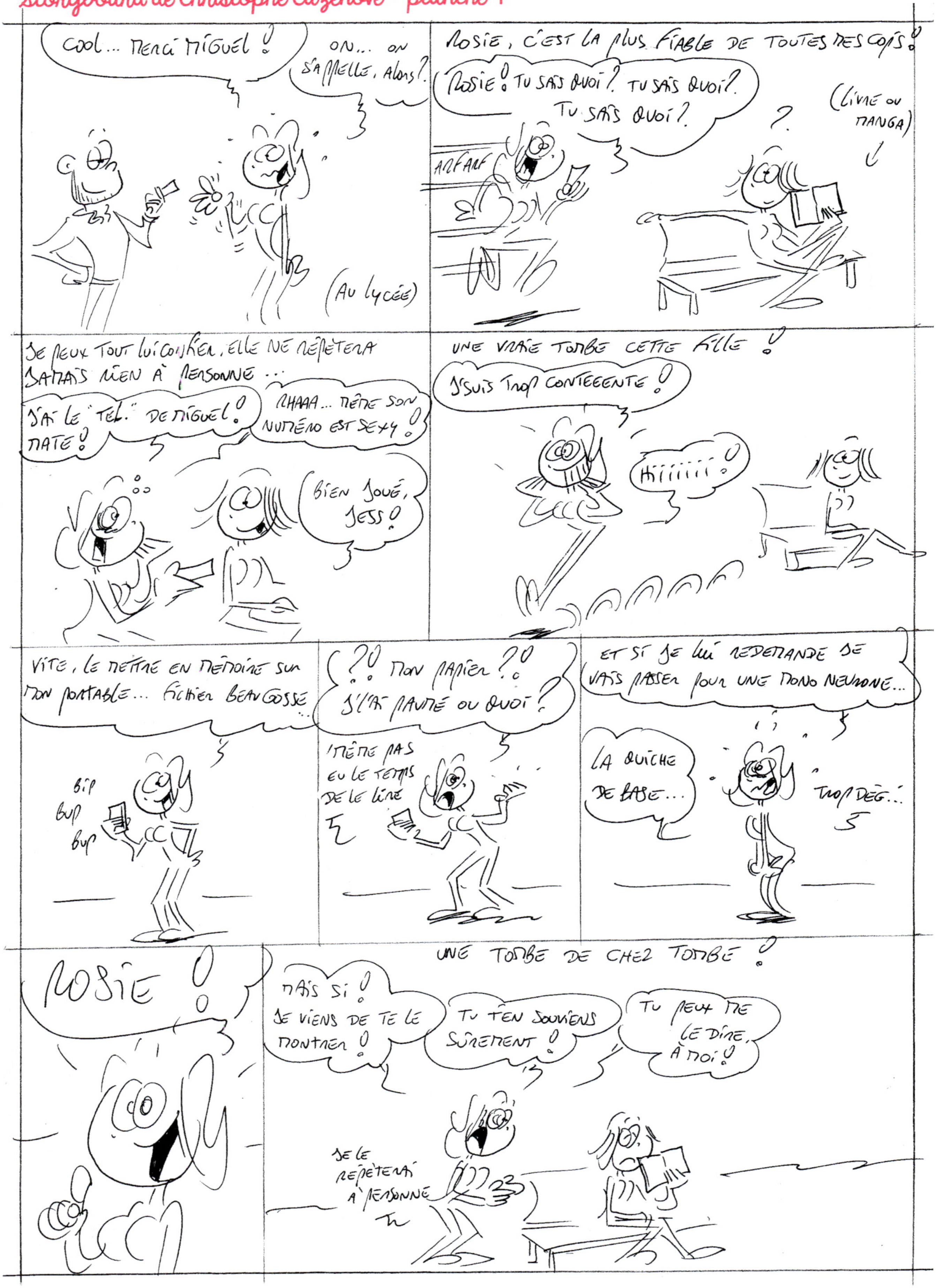

Encrage de Pierre Walterpieler - planche 5

Encrage de Elsa Brants - planche 5

LES SISTERS
8 tomes disponibles

STUDIO DANSE
8 tomes disponibles

TRIPLE GALOP
7 tomes disponibles

Vous aimerez aussi…

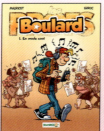

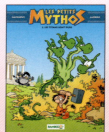

Boulard • 1 tome
Scénario : Erroc
Dessins : Mauricet

Les Profs • 16 tomes
Scénario : Erroc
Dessins : Pica & Mauricet
TOME 16 NOV. 13

Boule à zéro • 2 tomes
Scénario : Zidrou
Dessins : Ernst

Les Petits Mythos • 3 tomes
Scénario : Cazenove
Dessins : Larbier
TOME 3 JAN. 14

Jeu de gamins • 3 tomes
Scénario : Roux
Dessins : Roux

À découvrir au rayon BD

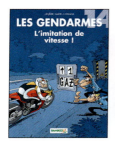
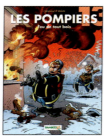

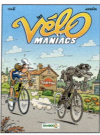
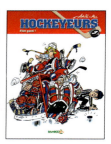

Les Gendarmes • 14 tomes
Scénario : Jenfèvre, Sulpice & Cazenove
Dessins : Jenfèvre

Les Pompiers • 13 tomes
Scénario : Cazenove
Dessins : Stédo
TOME 13 OCT. 13

Les Rugbymen • 11 tomes
Scénario : Béka
Dessins : Poupard

Les Footmaniacs • 11 tomes
Scénario : J S & C
Dessins : Saive

Les Vélomaniacs • 9 tomes
Scénario : Garréra
Dessins : Julié

Les Hockeyeurs • 3 tomes
Scénario : Achdé & Mel
Dessins : Achdé & Mel

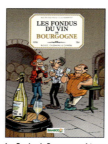

Les Fondus de moto • 5 tomes
Scénario : Richez & Cazenove
Dessins : Bloz

Les Fondus de Bordeaux • 1 tome
Scénario : Richez & Cazenove
Dessins : Peral

Les Fondus de Bourgogne • 1 tome
Scénario : Richez & Cazenove
Dessins : Carrère

Mafia Tuno • 2 tomes
Scénario : Richez
Dessins : Stédo

Les Dézingueurs • 3 tomes
Scénario : Richez
Dessins : Barbaud

Les Carnavaleux • 1 tome
Scénario : Richez
Dessins : Bloz
TOME 1 NOV. 13

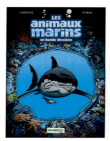

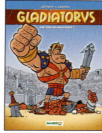

Les Animaux marins en BD • 1 tome
Scénario : Cazenove
Dessins : Jytéry

Les Insectes en BD • 2 tomes
Scénario : Cazenove & Vodarzac
Dessins : Cosby

Les Dinosaures en BD • 3 tomes
Scénario : Plumeri
Dessins : Bloz

Gladiatorus • 1 tome
Scénario : Cazenove
Dessins : Amouriq

Olivier de Benoist • 1 tome
Scénario : ODB & Leroy
Dessins : Saive

Les Godillots • 2 tomes
Scénario : Olier
Dessins : Marko

Retrouvez les actualités, infos et extraits de nos séries sur www.bamboo.fr